12 mois de fleurs au jardin

12 mois de fleurs au jardin

Bénédicte Boudassou

rustica éditions

Dépôt légal : février 2009
ISBN : 978-2-84038-893-7
N° d'éditeur : 49368
www.rustica.fr

Sommaire

Avant-propos

Tout jardinier attend avec impatience les floraisons. Elles sont la récompense des travaux effectués toute l'année au jardin ou sur le balcon. Mais cet aboutissement conduit le plus souvent à profiter des fleurs de juin à la fin août, et bien peu en dehors de cette période estivale. Car peu de jardiniers savent en réalité échelonner les floraisons pour profiter le plus longtemps possible d'une animation colorée.

Des fleurs toute l'année, c'est pourtant le rêve de chacun ! Alors comment s'y prendre ? La seule astuce consiste à être curieux : allez voir chez les pépiniéristes autant que dans les jardineries, et consultez les catalogues des spécialistes que vous rencontrez dans les fêtes des plantes. Vous découvrirez ainsi l'immense palette végétale dont vous pouvez disposer.

Ce que l'on trouve chez les uns est souvent différent de ce qui est vendu chez les autres. Les jardineries présentent des plantes en fleurs pour attirer l'œil. C'est très pratique pour choisir la couleur des fleurs, mais beaucoup d'espèces intéressantes ne sont pas proposées. Chez les pépiniéristes spécialisés, par contre, vous aurez toute l'année le choix entre de nombreuses espèces et découvrirez la variété des périodes de floraison.

Entre les arbustes à fleurs, les plantes vivaces, les bulbes et les plantes annuelles, d'infinies possibilités de floraisons vous attendent, même au cœur de l'hiver. Que ce soit au jardin, sur la terrasse ou le balcon, vous pourrez ainsi associer différents types de plantes dont les fleurs et les couleurs se relaieront.

Bénédicte Boudassou

En janvier

C'est le meilleur moment pour observer le jardin : s'il vous semble trop terne et pas assez fourni en floraisons, notez toutes vos idées dans un petit cahier pour les réaliser quand le moment sera venu.

Les floraisons

Les arbustes

Le chimonanthe, l'hamamélis s'épanouit déjà en région douce, le jasmin d'hiver en petites étoiles, certains mahonias (*Mahonia* x *media* 'Charity' et *M.* x *media* 'Winter Sun') et le mimosa s'épanouissent déjà dans les régions au climat doux.

Le laurier-tin (*Viburnum tinus*), les viburnums odorants (*Viburnum bodnatense* et *V. fragrantissimum*) à leur apogée, le daphné odorant (*Daphne odora*) et le chèvrefeuille arbustif (*Lonicera fragrantissima*).

Les camélias d'automne terminent leur floraison (*Camellia sasanqua*) mais les espèces hivernales la commencent (*C. reticulata* et camélias hybrides).

Les bruyères d'hiver (*Erica carnea, E.* x *darleyensis*) et le jasmin d'hiver (*Jasminum nudiflorum*).

Les vivaces

La rose de Noël (*Helleborus niger*), la pétasite (*Petasites fragrans*) et l'iris d'Algérie (*Iris unguicularis*).

Les bulbes

Le perce-neige (*Galanthus*), le crocus d'hiver (*Crocus laevigatus*), l'iphéion (*Ipheion uniflorum*) en région douce. Le cyclamen commun en région douce et le cyclamen de Perse en zone méditerranéenne.

L'élégance de la rose de Noël (*Helleborus niger* 'Maximus').

Le cyclamen commun donne une touche de lumière.

Apportez du compost au pied des arbustes.

Je conseille

« C'est le moment idéal pour faire les commandes (graines d'annuelles, bulbes, étiquettes, outils...) ou établir ***la liste*** *de tout ce qui sera utile dans les prochains mois au jardin. Cette planification des achats permet de rester en phase avec les travaux à effectuer chaque mois, sans rien oublier ni être pris de court par le temps. »*

À faire au jardin

Préparer

■ la forme des nouveaux massifs de vivaces et d'annuelles à l'aide d'un tuyau d'arrosage ou de piquets et de cordeaux. Évitez de faire des courbes trop serrées pour pouvoir passer facilement la tondeuse.

■ les plans de plantation des futurs massifs en prévoyant de grandes masses végétales : les vivaces par groupes de 3 au minimum (géraniums, penstémons, achillées...), les annuelles en taches unies juxtaposées.

■ **la liste** de plantes en consultant les catalogues. Notez à chaque fois la hauteur et la couleur de la plante pour l'associer le mieux possible avec les autres espèces.

Planter

■ le perce-neige en fleur, si vous avez oublié de le mettre en terre en automne, car c'est le seul bulbe qui accepte d'être planté au moment où il fleurit.

■ les camélias, si vous avez un coup de cœur pour une variété proposée en fleur. Ce n'est pas la bonne saison pour planter mais les étals des jardineries sont souvent très attirants ! Dans ce cas, plantez dans un grand trou en ameublissant bien la terre autour de la motte, arrosez puis enveloppez la plante d'une protection hivernale. Si vous le destinez au balcon, enveloppez le pot et l'arbuste d'un voile d'hivernage et n'oubliez pas d'arroser.

Arroser

■ les arbres et **arbustes persistants** car ils ont besoin d'un apport d'eau régulier : camélia, laurier-tin, skimmia, rhododendron, mimosa, mahonia...

■ uniquement en milieu de journée, quand il ne gèle pas. Un apport d'eau tous les 10 à 15 jours est suffisant pour les persistants. En région douce, arrosez chaque semaine.

Nourrir

■ les magnolias, très gourmands, qui ne fleurissent que dans une terre riche. Épandez une couche de compost bien décomposé et de feuilles sèches à leur pied.

■ le pied de tous les arbres et arbustes à fleurs sur un diamètre équivalent à l'aplomb de leur ramure au sol, et en laissant un cercle libre de 15 cm autour du tronc. Apportez du compost ou du fumier bien mûr, puis une couche de broyat de vos déchets de coupe sains.

Surveiller

■ l'état des plantations d'automne. Après un fort coup de gel, tassez la terre autour du pied des arbres (magnolia, albizia, catalpa...), arbustes et vivaces si la motte est remontée.

■ la position des tuteurs après les gros coups de vent.

■ les protections hivernales des vivaces sensibles au froid. Ajoutez des pierres sur les manteaux de feuilles et de fougères et complétez l'épaisseur de la protection si besoin.

Je conseille

*« De novembre à mars, les plantations vont bon train, mais uniquement pour les espèces caduques qui sont en repos végétatif. Évitez par contre de planter vivaces et **arbustes persistants** à cette période. Ils ne pourront s'enraciner, souffriront de stress hydrique et seront beaucoup plus sensibles au gel. »*

mémo

À cette époque de l'année, tout ce qui donne de la couleur est appréciable. Pour vos prochaines plantations, pensez aux arbustes qui conservent leurs baies en hiver, comme les rosiers botaniques, le skimmia, la symphorine, le clérodendron, le callicarpa, le nandina, toutes espèces qui produisent de très jolies floraisons.

En février

Je conseille

« *Je fais une entorse à mes principes à chaque fin d'hiver : c'est le seul moment où j'achète en jardinerie des plantes saisonnières déjà fleuries, qui viennent de culture de serre. Je les dispose autour de mon portail, sur le rebord de mes fenêtres et autour de ma porte d'entrée. Le besoin de couleur est si fort en cette période de grisaille que ces plantes égaient judicieusement les endroits où l'on passe chaque jour.* »

Préparez la saison qui s'annonce, le travail ne manque pas ! Les passionnés sèmeront sous serre, pour repiquer plus tard au jardin et commenceront le nettoyage des massifs.

Les floraisons

Les arbustes

Les bruyères d'hiver (*Erica* x *darleyensis* et *Erica carnea*), certaines variétés de camélias hybrides, le daphné odorant (*Daphne odora*) qui embaume le jardin, et le sarcococca parmi les plantes de terre de bruyère.

L'hamamélis jusqu'en mars, le mimosa, le jasmin d'hiver qui retombe sur les murets, le chèvrefeuille arbustif (*Lonicera frangrantissima*) particulièrement odorant, certains viburnums (*V. carlesii* et *V. burkwoodii*, odorant et vigoureux).

Les vivaces

La plupart des hellébores, *H. orientalis*, *H. purpurascens* et *H. argutifolius*. La rose de Noël (*H. niger*) est en fin de floraison.

L'hamamélis offre des fleurs originales.

Un tapis de muscaris.

Kit d'analyse de la terre.

La coronille jaune et parfumée, les pétasites, appelées aussi héliotropes d'hiver, dont les fleurs sentant la vanille apparaissent avant les feuilles, et la violette sauvage qui s'installe dans les endroits ombragés.

Les bulbes

Les muscaris bleu vif, l'éranthis semblable à un gros bouton d'or, les crocus qui s'étalent en tapis et se naturalisent facilement et le perce-neige (*Galanthus*).

À faire au jardin

Préparer

■ les nouveaux massifs. Une **analyse de terre** est efficace pour connaître la nature exacte du sol et choisir les nouvelles plantes.

■ les rocailles fleuries, en établissant le plan des plantations à effectuer le mois prochain. Le modelage des niveaux et la pose des rochers ou des traverses se font hors périodes de gel.

Planter

■ les arbustes caducs à fleurs si vous ne l'avez pas fait en automne, dans un sol non gelé et non détrempé. Creusez des trous profonds et ameublissez bien la terre.

Semer

■ les coléus, célosies, abutilons, bégonias et lobélias en serre, dans un terreau de semis ou un mélange de terreau et de sable (1/3-2/3) ; arrosez et maintenez humide. Vous repiquerez les plantules dans des pots individuels en mars, et en pleine terre en mai.

Biner

■ les massifs arbustifs et le pied des haies à fleurs pour enlever rapidement les mauvaises herbes et éviter qu'elles ne s'enracinent profondément.

Nettoyer

■ tous les massifs d'ornement encore encombrés de résidus végétaux. Coupez les feuilles abîmées des hellébores sans toucher au feuillage sain.

■ les pots qui serviront aux plantations de pélargoniums et d'hortensias à intercaler dans les massifs, au coin des allées et des escaliers.

Tailler

■ les mimosas, les chimonanthes, le jasmin d'hiver en fin de floraison, en raccourcissant les tiges d'un tiers de longueur.

■ les pommiers à fleurs, en enlevant le vieux bois et les branches qui partent vers le centre de la ramure.

■ les lagerstroemias palissés et les bignones, en coupant les tiges secondaires au ras des branches principales.

■ les spirées et buddléias, qui vont fleurir sur le bois de l'année. La taille sera sévère afin de garder des formes compactes et denses.

■ les hortensias en fin de mois, en coupant les têtes fanées au niveau du premier bourgeon visible en dessous.

mémo

Les kits d'**analyse de terre** vendus en jardinerie sont simples à utiliser. Ils comprennent le mode d'emploi, le sachet pour mettre le prélèvement de terre et l'enveloppe de réexpédition à un laboratoire spécialisé. Les résultats vous donneront des précisions sur la teneur du sol en oligoéléments, éléments nutritifs et matières organiques. Vous saurez ainsi ce dont votre sol a besoin en complément. Le taux d'acidité (pH) est également mentionné. Le prélèvement s'effectue en général au printemps ou en automne, au moins 4 mois après un apport de compost et 2 mois après un épandage d'engrais.

mémo
La période de taille des **rosiers** varie selon le climat de chaque région. Il faut tailler avant la remontée de sève, mais pas trop tôt non plus pour éviter qu'un nouveau coup de gel n'endommage les tiges. La fin février est généralement une bonne période pour les régions au climat tempéré, mais il faudra attendre début mars dans les régions très froides, et au contraire commencer dès la fin janvier dans le midi.

Je conseille
« Au fil des années, j'accumule de nombreux sachets de graines de fleurs annuelles dans mon garage, sans faire très attention à leur date de péremption. Pour m'assurer de la validité de certaines, je fais des essais en hiver dans ma véranda, à l'aide de quelques graines témoins, placées dans des petits récipients garnis de buvard ou de coton humide. Cela me permet de jeter les graines périmées et de conserver les bonnes. »

Ce bourgeon renflé donnera la prochaine floraison. Dégagez aussi le centre de la ramure en coupant les tiges sèches et, tous les trois ans, coupez une branche sur deux au ras de la souche pour régénérer l'arbuste.

- les **rosiers** buissons dans les régions douces. Ailleurs, attendez la toute fin de mois ou le début mars.
- les clématites à floraison estivale, à 25 cm au-dessus du sol, ou au-dessus du deuxième bourgeon.

Arroser

- les camélias, *Magnolia grandiflora*, *Clématis armandii*, le skimmia, l'abélia et autres arbustes persistants à fleurs, une fois tous les 10 jours quand il ne gèle pas.
- tous les arbustes plantés récemment, une fois par semaine quand il ne pleut pas. Attention aux régions où le gel sévit encore : évitez d'arroser le soir et par température négative.

Nourrir

- tous les massifs arbustifs et herbacés, avec un apport de corne broyée ou un engrais organo-minéral à diffusion lente. Griffez légèrement le sol pour l'incorporer en surface ou ajoutez 1 cm de terreau par-dessus.
- les futurs massifs de camélias et rhododendrons, en incorporant de la terre de bruyère et du terreau de feuilles.

Surveiller

- la terre autour des pieds des plantes vivaces persistantes, des arbustes et des jeunes bruyères. Si elle est soulevée par le gel, tassez-la pour renforcer la stabilisation des mottes.
- l'état du sol dans les rocailles après les périodes de gel et de fortes pluies. Ramenez autour des plantes la terre qui a glissé, calez au besoin de nouvelles grosses pierres pour la retenir et refaites vos niveaux si nécessaire.
- les racines charnues des dahlias entreposées au sec pour l'hiver. Enlevez toutes les parties abîmées et vérifiez la bonne aération du local.

Arrosez les camélias quand il ne gèle pas.

En mars

Ça y est, les températures remontent ! Les premiers semis en pleine terre vous donneront du cœur à l'ouvrage pour terminer la plantation des rosiers et créer votre rocaille.

Les floraisons

Les arbustes

Le cognassier du Japon (*Chaenomeles*) rouge clair, orange ou rose selon les variétés, le cornouiller mâle, sur le bois nu avant les feuilles, et le forsythia sont les premiers. *Viburnum burkwoodii*, aux boules blanches odorantes, *Berberis darwinii*, jaune d'or, et les mahonias en grappes (*Mahonia aquifolium*) ou en épis (*M.* x *media* 'Charity').

Les vivaces

Quelques espèces de bergénias, comme *Bergenia crassifolia*, aux fleurs roses et *B. purpurascens*, aux feuilles et fleurs pourprées. Les hellébores, et en particulier l'hellébore de Corse (*Helleborus argutifolius*), les violettes, les pétasites, les pulmonaires bleues, roses ou blanches. Les premières primevères, certaines renoncules, saxifrages et pulsatilles. Les iris en région méditerranénne.

Les bulbes

Les cyclamens de printemps (*Cyclamen repandum*), les jacinthes, les scilles au bleu lumineux, et les iris miniatures.

À faire au jardin

Préparer

■ la rocaille par un désherbage méticuleux. Vous désherberez à nouveau en fin de mois, juste avant de planter. Vérifiez que le sol est plan entre les rochers, ajoutez de la terre là où des cuvettes se sont formées pendant l'hiver.

■ les **massifs** d'annuelles en sarclant en profondeur. Cassez les mottes et ratissez ensuite.

mémo

Les adeptes du paillage dans les **massifs** n'auront pas de binage à effectuer et protégeront leur sol d'une évaporation trop rapide pendant la saison chaude, ce qui économise des arrosages. Il est préférable que ce paillage serve aussi d'engrais organique pour enrichir le sol chaque année. Choisissez des matériaux qui se décomposent rapidement (tontes de gazon, mulcao, mulch fait de feuilles, tourbe, résidus de coupe broyés finement ou paille de lin) et gardez l'écorce de pin uniquement pour les végétaux de terre de bruyère.

Le cognassier du japon et le forsythia égaient joliment le jardin.

Pralinage d'un rosier à racines nues.

mémo

La technique du faux semis permet d'éliminer de nombreuses adventices indésirables : 15 jours avant de semer, nettoyez, binez et ratissez la terre du massif. Les adventices vont lever, vous pourrez les extraire facilement avec leurs racines avant votre véritable semis.

■ le palissage des plantes grimpantes en tendant des filins sur les murs ou en fixant des treillages solides à 5 cm des façades.

Planter

■ les rhododendrons, azalées, skimmias et bruyères en sol non détrempé. Si le sol est très sec, humidifiez bien les mottes et arrosez le trou de plantation.

■ les rosiers à racines nues, c'est le dernier moment pour le faire avant la remontée de sève. Pensez à retailler et praliner (enrober de boue en les plongeant dans un seau rempli de terre et d'eau) les racines avant la plantation. Positionnez-les ensuite sur un petit monticule de terre au centre du trou, pour leur assurer une bonne répartition. Trempez, au moins une heure dans l'eau, la motte des rosiers en conteneur avant la plantation.

■ les grimpantes à fleurs et les clématites. Plantez profondément la motte de ces dernières pour que la tige soit sous 10 à 15 cm de terre. Cela stabilise davantage la plante par la naissance de radicelles sur cette tige enterrée et protège la souche du gel en hiver.

■ les plantes de rocaille, sauf dans les régions où le sol est encore gelé. Commencez par les espèces à floraison précoce comme les saxifrages, violettes, aubriètes, bergénias que vous pouvez acheter en godets déjà fleuris.

Semer

■ la ciboulette en sol réchauffé. Ses fleurs en forme de pompon rose sont l'une des bonnes surprises de l'été dans le potager d'aromates ou sur un rebord de fenêtre quand on la cultive en pot.

■ les pieds-d'alouette, clarkias, centaurées et nigelles, en fin de mois, directement en terre. Un second semis le mois prochain échelonnera les floraisons.

■ les pois de senteur sous abri (serre, châssis). Faites tremper les graines une nuit dans l'eau et plantez en petits pots individuels ou godets de tourbe.

Biner

■ en surface dans les massifs, pour ne pas abîmer les souches des vivaces caduques. Les jeunes adventices s'enlèvent rapidement aussi à l'aide d'une fourche à trois dents.

Diviser

■ les bulbes de dahlias. Placez-les droit dans une caissette remplie de terreau, humidifiez et placez au chaud et à la lumière. Dès l'apparition de jeunes pousses vertes, sortez chaque racine et divisez-les en plusieurs morceaux.

Je conseille

« Comme je garde d'une année sur l'autre mes potées de pélargoniums odorants en les hivernant dans ma véranda, je peux m'en servir dès les premiers beaux jours pour rythmer et colorer mes allées, ainsi que le tour de la maison. Ces potées me servent aussi à compléter les massifs un peu défleuris en août. »

Replantez-les en pots individuels ou au jardin si le temps est clément.

■ les touffes de millepertuis (*Hypericum calycinum*). Replantez aussitôt les éclats et arrosez, ils fleuriront dans l'année.

■ les kerrias, en prélevant les rejets sortis en périphérie du pied. Replantez-les aussitôt pour étendre la haie ou aménager un autre endroit difficile.

■ les perce-neige (*Galanthus*) et l'éranthis, en arrachant les touffes encore vertes après la floraison. Replantez aussitôt.

Tailler

■ les bruyères d'hiver qui ont fini leur floraison, en les rabattant d'un tiers de leur hauteur.

■ les cistes pour rafraîchir les tiges, en les épointant légèrement. Les caryoptéris sont rabattus au sol pour favoriser la repousse vigoureuse de nouvelles tiges, et les millepertuis sont taillés sévèrement, quand on veut des bordures homogènes.

■ le perovskia, toutes les tiges très court.

■ les rosiers dans les régions à hiver rigoureux. Raccourcissez légèrement les tiges des variétés arbustives plantées en haie.

■ les vivaces caduques, en rabattant le feuillage au ras du sol. Si de nouvelles pousses apparaissent déjà, contournez-les.

■ le feuillage abîmé des vivaces persistantes, feuille à feuille avec un petit sécateur ou des cisailles à topiaire.

Arroser

■ toutes les nouvelles plantations et, en particulier, les plantes de terre de bruyère pour éviter le dessèchement du sol quand il ne pleut pas.

Nourrir

■ les pivoines avec un engrais organique.

■ les arbustes de haie fleurie en apportant une couche de compost bien décomposé autour de leur pied, sans

Protégez les espèces fragiles sous des cloches la nuit.

toucher celui-ci, et sur une surface correspondant à l'aplomb au sol de leur ramure.

■ griffez le sol des massifs de vivaces et d'arbustes que vous avez couvert de compost en automne, pour finir d'incorporer celui-ci.

Surveiller

■ l'apparition des parasites sur les rosiers, quand le sol est très sec (pensez à arroser).

■ les dernières gelées : laissez les jeunes plants fragiles sous cloche, châssis ou serre mais aérez dans la journée. Dans les régions froides gardez les cloches jusqu'à fin avril.

■ les arbustes et vivaces sensibles au froid. Enlevez les voiles de protections et manchons de paille dans la journée, replacez-les la nuit. Dans la deuxième quinzaine du mois, enlevez toutes les protections hivernales des souches des vivaces.

En avril

Le moment est venu de garnir massifs et bordures avec toutes sortes de vivaces. Faites-vous plaisir, elles fleuriront et s'étofferont pendant de nombreuses années.

Les floraisons

Les arbres

L'arbre de Judée (*Cercis chinensis* et *C. siliquastrum*) blanc ou rose violacé, le marronnier blanc (*Aesculus hippocastrum*) et les pommiers à fleurs. Les cerisiers et pruniers à fleurs, dont *Prunus* x *subhirtella* 'Pendula Rubra' en forme de parasol.

Les arbustes

Le kerria et sa variété 'Pleniflora' aux pompons jaune vif reconnaissables. Le groseillier à fleurs, avant l'apparition des feuilles, et le genêt d'Espagne.

Certains viburnums (*Viburnum plicatum* 'Lanarth'), les berbéris à feuillage caduc, dont les espèces pourprées sur lesquelles la floraison jaune ressort de façon spectaculaire.

L'amélanchier (*A. canadensis*), le cornouiller blanc et la pivoine arborée (*Paeonia suffruticosa*). Le magnolia étoilé (*M. stellata*) et les autres magnolias caducs en fin de mois.

Le céanothe (*Ceanothus impressus* 'Puget Blue') et le romarin parmi les persistants.

Les vivaces

La lavande papillon (*Lavandula stoechas*) en climat doux, le pachysandra en zone ombragée, les primevères, tous les lamiers, *Saxifraga* x *urbium*, surnommé « désespoir du peintre » pour ses épis vaporeux formés de minuscules fleurs roses, l'ibéris, les élégantes euphorbes (*Euphorbia myrsinites*, *E. amygdaloides* et *E. polychroma*), les épimèdes appelées encore « fleurs des elfes » pour leur légèreté, le cœur de Marie (*Dicentra spectabilis*), la doronic, la coronille parfumée, le corydalis bleu lumineux, le muguet, les bergénias, toutes les variétés d'aubriètes, les premiers phlox et

Cerisier en fleur.

Division de tubercules de dahlias (cf. page 21).

asters de printemps, le gazon d'Espagne aux gros pompons roses, la corbeille d'argent (*Arabis caucasica*) et la corbeille d'or (*Alyssum saxatile*), et les autres espèces d'alysses. La grande consoude (*Symphitum grandiflorum*) blanche ou bleu pâle, la tiarella, les variétés horticoles de violettes odorantes, et toutes les pervenches, grandes et petites (*Vinca minor*, *V. major*).

Les bulbes

Les iris des jardins (*Iris germanica*), les espèces intermédiaires et les lilliput (*I. barbata nana*), la fritillaire impériale, les tulipes hâtives, les jacinthes, de nombreux narcisses, les muscaris, les scilles, la nivéole (*Leucojum*), les crocus, l'anémone (*Anemone blanda*) et le chionodoxa.

À faire au jardin

Préparer

■ les massifs qui accueilleront les dahlias. Sarclez profondément, cassez les mottes, ratissez et ajoutez de la poudre d'os. Plantez des tuteurs aux emplacements prévus pour les plantations, en respectant les bonnes distances : 40 cm pour les dahlias nains, 60 cm pour les moyens, 70 à 80 cm pour les espèces les plus hautes.

■ les tuteurs tipis, colonnes ou parasols qui soutiendront les annuelles grimpantes (haricot d'Espagne, convolvulus, thunbergia, capucine...). Placez-les dans les massifs pour donner du relief ou autour des bancs.

Planter

■ la sauge dans les massifs d'ornement. Il en existe des dizaines de variétés, toutes aussi florifères les unes que les autres : *Salvia grahamii* fleurit rouge et s'étoffe rapidement sur 60 cm de haut et de large, *S. superba* est violette comme *S. nemorosa*, *S. purpurascens* a le feuillage pourpré.

■ en plein soleil et dans un sol bien drainé, la lavande en bordure des massifs de rosiers, un pied tous les 40 cm, et le romarin en haie et autour du potager aromatique. Ils feront tous les deux fuir les parasites et les fourmis.

Je déconseille

« Le temps pluvieux fait ressortir les limaces et escargots qui s'attaquent de concert aux jeunes plantes. Évitez autant que possible d'utiliser des granulés anti-limaces pour les éliminer, car vous ferez disparaître aussi les hérissons ! Pour garder un équilibre écologique tout en protégeant vos jeunes pousses, épandez autour de ces dernières un paillis fin (paillettes de lin, cosse de sarrasin, gravillons dans les rocailles) qui empêchera ces petites bêtes de progresser vers leur garde-manger. »

Je conseille

*« Pour planter mes **vivaces** dans mon terrain poreux, je fais des trous deux fois plus grands que les mottes, j'ajoute un peu de terreau au fond et j'arrose. Une fois que l'eau s'est écoulée, je dépote mes godets ou conteneurs et je plante en mélangeant terre et terreau pour reboucher le trou. Je tasse et j'arrose à nouveau en fin d'opération. Chaque automne j'ajoute aussi une couche de compost tout autour de leur pied afin d'améliorer la nature du sol.*

▪ les plantes alpines de rocaille (alysse, arabette, aubriète, campanule, œillet, ibéris, origan...), dans un sol bien drainé.

▪ les **vivaces**, en privilégiant les espèces les plus résistantes et sobres, selon la nature de votre terrain : achillées, érigéron, hélichrysum, rose trémière, valériane, armoise et lavande en sol pauvre et sec, hémérocalle, alchemille, hostas, rodgersia, astilbes et persicaire en terrain frais.

▪ les népétas en bordure de vos massifs, sous les fruitiers et près des rosiers pour attirer les coccinelles qui élimineront les pucerons en été.

▪ les lis (à l'exception des lis de la Madone). Commencez ce mois et plantez à nouveau en mai et en juin pour étaler les floraisons. Plantez en sol bien drainé, profond et humifère. Ajoutez une couche de terreau de feuilles ou de compost bien décomposé une fois la plantation terminée.

▪ les arbustes à fleurs persistants comme le laurier-cerise, le romarin, le sarcococca, l'abélia, le nandina et le laurier-tin.

▪ les rhododendrons, si vous avez un coup de cœur pour une couleur de floraison (sinon il vaut mieux les planter en début automne). Plantez à 1,20 m de distance les variétés moyennes les unes des autres, et jusqu'à 2 m les variétés imposantes. Arrosez ensuite copieusement chaque semaine jusqu'en automne.

▪ les vivaces et arbustes cultivés en pots sur la terrasse, en plaçant une couche de matériaux drainants (graviers, billes d'argile expansée) au fond du pot. Faites ensuite un mélange par moitié de terreau et de terre de jardin pour y planter l'espèce de votre choix. Privilégiez les plantes résistantes au vent et plantez dans des grands pots.

Semer

▪ les soucis en place au jardin, tous les 20 cm. Ne vous précipitez pas dans les régions froides, vous avez encore jusqu'à fin mai.

▪ les clarkias, convolvulus, cosmos en sol bien réchauffé, pavots de Californie sur tout le littoral atlantique et en

Bretagne, les gaillardes et giroflées, le lin, le lavatère, les capucines, les tagetes (œillets d'Inde), godétias et pavots.

■ les hélianthus tous les 60 cm en fond de massif ou le long d'un grillage de clôture.

Biner

■ régulièrement après chaque pluie tous les massifs qui ne sont pas couverts d'un paillis.

Diviser

■ les vivaces imposantes ou dont les touffes se creusent au centre : marguerite, hémérocalle, asters, sauges, coréopsis, heuchères... Déterrez les souches à la fourche, coupez les plus dures à la pelle-bêche, les racines charnues au couteau et divisez les plus tendres à la main. Gardez les morceaux ayant de bonnes racines, sur les vieilles souches prenez ceux de la périphérie. Replantez aussitôt et arrosez.

■ les derniers dahlias, si vous ne l'avez pas fait en mars, et les arums en terre fraîche.

■ les drageons d'hélianthus en les séparant du rhizome principal (à l'aide d'un couteau) pour éviter l'envahissement dans un massif.

Pailler

■ les nouvelles plantations de vivaces et les massifs arbustifs une fois le sol bien désherbé et arrosé. Dans les massifs de rosiers, épandez un **paillis** organique de tontes de gazon sain, du fumier bien décomposé ou du compost mûr pour stimuler les nouvelles pousses.

Tailler

■ l'hamamélis, après la floraison une fois tous les 3 ans, pour rééquilibrer sa silhouette.

■ les mimosas une fois la floraison terminée, en rabattant assez court les branches.

■ les arbustes à fleurs ayant fini leur floraison.

■ la bignone si vous ne l'avez pas fait en mars. Aérez le centre de la ramure en coupant les tiges en surnombre

Je déconseille

*« Si vous utilisez des tontes de gazon en **paillis** sur le sol de vos massifs, évitez tout traitement chimique sur la pelouse. Cette consigne est valable aussi quand on met les déchets de tontes dans le compost, car celui-ci doit être sain et naturel. »*

Sompteux rhododendron ‘Burning Light’.

et enlevez le bois sec. En cours d'été, contrôlez son ampleur en coupant les tiges qui s'immiscent sous les gouttières, derrière les volets et autres structures fixes.

Tuteurer

- les delphiniums en fin de mois, quand les tiges atteignent un tiers de leur hauteur. Attachez le lien en huit à la tige principale, sans serrer.

Palisser

- les rosiers grimpants, une fois la terre bien stabilisée à leur pied. Attachez la tige principale au support avec un lien souple, vous conduirez les jeunes pousses vers ce support au fur et à mesure de leur croissance.
- le lagerstroemia, si vous décidez de le conduire en éventail sur un mur. Attachez les tiges sur des fils horizontaux tendus tous les 50 cm sur le mur.
- la clématite, le chèvrefeuille...

Arroser

- toutes les plantes une fois par semaine quand il ne pleut pas. Si vous ne l'avez pas fait à la plantation, formez une petite cuvette en terre autour des pieds des vivaces et des arbustes pour retenir l'eau d'arrosage.
- les bulbes même défleuris pour qu'ils reconstituent leurs réserves par l'intermédiaire du feuillage.
- très régulièrement les rosiers plantés le mois dernier.

Nourrir

- les rosiers avec un **paillis organique** ou un engrais complet « spécial rosiers » pour aider le démarrage de la végétation. Griffez le sol pour l'incorporer en surface.
- les plantes de terre de bruyère, avec un engrais spécifique.

Surveiller

- les plantations en serre. Arrosez si la température est en hausse et aérez ; refermez le soir surtout si le gel est encore à craindre. Ombrez aussi quand il fait grand soleil.

mémo

La plantation des vivaces sur graviers est une bonne méthode dans les terrains très lourds et engorgés. Le paillis en graviers convient dans les rocailles fleuries, dès l'instant où les plantes choisies se satisfont d'un sol ordinaire et pauvre. Pour celles qui ont besoin d'un sol plus riche, préférez un **paillis organique** qui se décompose au fur et à mesure.

En mai

mémo
En mai commence la floraison des **seringats**, aux fleurs blanches simples ou doubles, qui libèrent leurs parfums suaves. *Philadelphus coronarius* est le plus populaire pour sa floraison spectaculaire. *P.* 'Belle Etoile' est à fleurs simples et très odorant comme *P.* 'Dame Blanche', et 'White Rock' qui fleurit en juin. Très rustiques, les seringats acceptent toutes sortes de terrains. Ils peuvent se tailler après la floraison pour garder une forme compacte, ou se laisser en forme libre.

mémo
Élégantes de feuillage et somptueuses en fleurs, les **pivoines** ont un sacré caractère qu'il n'est pas utile de contrarier : les pieds restent de très longues années au même endroit quand le terrain et l'ensoleillement leur plaît. Il arrive d'ailleurs souvent qu'elles perdurent dans les jardins à l'abandon. Si vous reprenez un jardin ancien surtout ne les changez pas de place !

Les fleurs colorent le jardin par dizaines, savourez les dernières printanières et les premières estivales. Pensez aussi à l'automne en plantant des bulbes.

Les floraisons

Les arbres

Le paulownia en bleu violacé tendre avant l'apparition des feuilles.

Les arbustes

Les **seringats** (*Philadelphus*) à fleurs doubles ou simples, les spirées printanières, le romarin, l'oranger du Mexique (*Choisya ternata*), l'azalée, le buddléia, les cistes, les clématites à petites fleurs, toutes les variétés des deutzias, le cytise aux longues panicules jaunes, la pivoine arbustive, le piéris, certains rhododendrons, le pernettya, les lilas (blanc, violet et rose), la glycine de Chine au parfum envoûtant et la glycine du Japon en fin de mois. Le baguenaudier aux curieuses gousses décoratives, le cornouiller à fleurs, le genêt à balais jaune vif, le corête du Japon (*Kerria*) et le laurier-cerise au parfum de miel.

Les vivaces

Les **pivoines**, les iris barbus des jardins, les trolles, les pavots, le myosotis, les premiers géraniums, l'alchemille (jaune anisé), le bugle (*Ajuga*) aux épis bleu lumineux, les asters de printemps, la centaurée, les premiers penstémons et les érémurus en fin de mois. Les persicaires, les gracieuses ancolies, les achillées et le lin bleu ciel, le gazon d'Espagne aux pompons roses, l'aubriète dans les rocailles, la fin des primevères des jardins (*Primula vulgaris*), les campanules, le muguet, la coquelourde (*Lychnis coronaria*) et les pervenches petites et grandes. L'ibéris blanc pur, la benoite rouge feu, le phlox (*Phlox subulata*), et, sous les arbres, le waldstenia couvre-sol jaune. Dans les bassins, les nénuphars, l'aponogeton à l'odeur de vanille, la renoncule et le souci d'eau (*Caltha palustris*).

Les tulipes tardives s'ouvrent encore dans les massifs.

La fleur de nénuphar à une forme très raffinée.

Les bulbes

L'ail d'ornement (*Allium giganteum*), les anémones, la fritillaire impériale, l'ornithogale, les iris de Hollande (*Iris hollandica*), quelques tulipes tardives, et les derniers scilles.

Les annuelles

Les myosotis, les nigelles, les pâquerettes doubles (*Bellis*), la calcéolaire, le bleuet, la fausse camomille (*Crysanthemum inodorum*), le silène, la pensée, le clarkia, les pétunias retombants, les digitales, le gypsophyle des murailles et la monnaie-du-pape violette, qui restera décorative avec ses fruits en forme de pièce argentée.

Je conseille

« Les Saints de glace (11, 12, 13 mai et le 25 mai dans les régions froides) sont parfois terribles ! J'attends donc qu'ils soient passés pour planter mes ***dahlias*** *et repiquer les annuelles que j'ai semées en serre. Cette précaution est moins valable pour les vivaces, que l'on peut planter dès le mois de mars. Mais en cas de froid prononcé, je remets tout de même les paillis de fougère autour. »*

À faire au jardin

Préparer

- les bulbes à planter dans les régions froides, en éliminant ceux qui sont tachés, flétris ou qui portent des traces de pourriture.
- les massifs d'annuelles, en délimitant au sol l'emplacement de chaque espèce et variété par un traçage effectué avec le manche d'un outil. Après ratissage de la surface, marchez sur une planche pour faire le marquage.
- les suspensions d'annuelles à placer sous les auvents et sur les balcons, en les garnissant d'un feutre jardin ou d'une toile de jute. Les plantations se feront en fin de mois et en juin avec des variétés vendues en godets.

Planter

- tous les **dahlias** pour avoir une floraison dès le mois de juillet. Vous protégerez les jeunes pousses des derniers gels sous des cloches, dans les régions froides. Creusez un trou de 20 cm de profondeur, ameublissez la terre, ajoutez un engrais organique au fond, recouvrez d'une petite couche de terre et positionnez la racine charnue debout, entre 5 et 15 cm sous la surface selon la variété.

■ transplantez en pleine terre les dahlias que vous avez divisé le mois dernier.

■ les impatiens et bégonias tubéreux en situation ombragée et sol frais.

■ les bulbes d'été et d'automne : crinum, crocosmia, schizostylis, les cannas à 60 cm de distance les uns des autres et 15 cm de profondeur. Réalisez des tapis de cyclamens en lançant les bulbes à la volée sous vos grands arbres. Vous les planterez là où ils sont tombés.

■ les nénuphars et autres plantes fleuries de bassin si vous ne l'avez pas fait en avril. Le populage jaune (*Caltha palustris*), le pontédéria bleu, le trèfle d'eau blanc (*Menyanthes*) et les nénuphars multicolores se plantent dans des paniers ajourés que l'on pose au fond ou sur des pierres selon la profondeur du bassin.

■ les annuelles qui ont été semées sous châssis ou en serre. Sortez les semis des caissettes, tranchez au couteau pour individualiser chaque plant en lui gardant de la terre autour des racines, pour constituer une petite motte. Repiquez chaque plant en pleine terre selon vos plans.

■ les annuelles achetées en godets pour les suspensions.

Semer

■ les annuelles, que vous avez gardées pour un semis direct en pleine terre : brachycomes, amarantes, anagallis, callistephus, centaurée, petits chrysanthèmes des jardins (*Chrysanthemun coccineum* et *C. coronarium*), godetias... Dès la levée, éclaircissez si besoin en enlevant un plant sur deux ou trois, selon les distances à respecter indiquées sur le sachet de graines.

■ les pois de senteur, qui fleuriront plus tard que ceux démarrés en serre, ce qui allongera la durée de la floraison si vous placez quelques graines à côté des jeunes plants.

Je conseille

« Comme mon terrain est plutôt frais, j'ai essayé des espèces d'iris qui poussent bien en milieu frais à humide : Iris sibirica, I. pseudacorus et I. versicolor *sont parmi les plus vigoureux et florifères en mai et juin. Ils ont un feuillage plus étroit et plus souple que les iris de jardin, et peuvent coloniser le bord des plans d'eau en se naturalisant. »*

Je déconseille

*« Je ne taille jamais les **rhododendrons**, car ils sont formés par les pépiniéristes éleveurs, et n'ont ensuite pas besoin d'être à nouveau raccourcis. La taille se justifie seulement quand la plante a subi un coup de gel (taille en mars) ou une sécheresse estivale (taille début octobre). Je coupe dans ce cas toutes les branches touchées et je raccourcis les autres, pour aider de nouvelles pousses à apparaître l'année suivante. »*

■ les immortelles, et conservez un plant tous les 25 cm après la levée. En pots et jardinières, prenez des variétés naines.

■ les différents mélanges pour "prairie fleurie" en ajoutant de la sciure aux graines pour que le semis à la volée ne soit pas trop concentré. Les mélanges d'annuelles fleurissent rapidement (centaurée, coquelicot, cosmos...). Dans les mélanges de vivaces, on ajoute aussi des annuelles pour garantir une floraison la première année.

Biner

■ tous les parterres et massifs non protégés par un paillis et l'entourage des arbustes à fleurs disposés en haie.

■ soigneusement autour des nouveaux bulbes plantés et des jeunes annuelles pour éviter la concurrence avec les mauvaises herbes. Attention à ne pas toucher les bulbes avec la binette.

Pailler

■ les pois de senteur et les massifs d'annuelles en fin de mois quand les pousses auront 15 à 20 cm de haut.

Tuteurer

■ les dahlias, en enfonçant un tuteur solide près de la racine à la plantation, ou en fin de mois en plantant tout autour des piquets reliés par une ficelle à 40 cm de hauteur, puis à 60 cm pour les grandes variétés en touffes.

Pincer

■ un bon mois avant la floraison les jeunes tiges des vivaces comme les solidagos, les phlox, les héléniums et les asters quand les plantes atteignent 20 à 30 cm de haut, pour les ramifier et densifier les touffes.

■ les tiges des cosmos pour obtenir des massifs plus fournis.

Tailler

■ les tiges fanées, les vivaces printanières comme les aubriètes, à l'aide de ciseaux ou de cisailles à topiaire.

■ le feuillage sec et la hampe florale fanée des bulbes de printemps.

■ les derniers arbustes à fleurs de printemps, après la fanaison.

■ les fleurs fanées des **rhododendrons** et azalées, en veillant à ne pas toucher aux boutons axillaires présents sous les pédoncules et qui fleuriront l'an prochain. Opérez de préférence à la main en pinçant la fleur entre le pouce et l'index.

Diviser

■ les souches imposantes de nénuphars tous les 2 ou 3 ans, en coupant au couteau le rhizome. Replantez tout de suite dans plusieurs paniers et remettez à l'eau.

Arroser

■ les annuelles en pluie fine, les vivaces au pied et les jeunes arbustes dans la cuvette aménagée autour de leur tronc.

■ installez un arrosage goutte-à-goutte ou par tuyau micro-perforé dans tous les massifs pour faire des économies d'eau.

■ les fleurs saisonnières plantées en pots, chaque semaine quand il ne pleut pas.

Surveiller

■ les attaques de pucerons sur les rosiers et traiter avec des purins végétaux ou des solutions à base de pyrèthre végétal vendues en jardinerie. Procurez-vous aussi des larves de coccinelles, elles dévorent des dizaines de pucerons par jour.

■ la pousse des grimpantes. Attacher les tiges au fur et à mesure sur le support avec des liens souples.

Larves de coccinelles sur un rosier attaqué par des pucerons.

En juin

Profitez de cette saison dédiée aux rosiers si vous les aimez ! Le jardin resplendit, coupez les fleurs fanées et soigner vos plates-bandes.

Les floraisons

Les arbustes

Les rhododendrons et les azalées caduques, le kalmia, le leucothoe, le gaulthéria et le pernettya, les bruyères cendrées (*Erica cinerea*) et le daboecia, dans les espèces de terre de bruyère, ainsi que *Magnolia grandiflora* et le crinodendron très odorant. Les premiers hortensias, les cornouillers à fleurs (*Cornus kousa* et *C. florida*), la lavande vraie, la véronique, le buddléia (*Buddleja alternifolia*), l'oranger du Mexique, les premiers cistes, le lavatère (*Lavatera olbia*), la famille des deutzias, certains genêts, le cytise aux longues grappes jaunes. Les rosiers, le weigélia dans tous les tons de rose, le seringat, certains viburnums (*Viburnums opulus* 'boule-de-neige', *V. tomentosum*). Dans les grimpantes, le schizophragma, la passiflore, la glycine parfumée et les clématites.

Les vivaces

L'alchemille en jaune anisé, l'alysse, l'ancolie, les grands delphiniums, la gentiane, les asters de printemps, les campanules, les œillets, le diascia, le dicentra en clochettes pendantes, la digitale, les érigerons, les géraniums vivaces, la benoîte, le gypsophile aux minuscules pompons roses ou blancs, les héliopsis comme des petits soleils excellents en fleurs à couper, le millepertuis vivace, la corbeille d'argent (ibéris), le lupin, la pivoine, le pyrèthre. En terrain frais, le rodgersia, les astilbes, la tiarelle, une grande partie des hostas et primevères, l'hémérocalle. En bassin et plans d'eau, l'aponogeton, le nénuphar, le butomus, les iris des marais.

Les annuelles

Le souci, la centaurée, le convolvulus, les pavots de Californie, les premières gaillardes, le godetia, la giroflée d'été (*Matthiola annua*), les nigelles bleu ciel, le pavot

La floraison des rosiers lianes agrémente le fond des massifs de vivaces.

oriental, les gerberas cultivés en annuelles, le muflier, l'agératum, le buglosse, le clarkia, les premiers cosmos, la scabieuse et les sauges annuelles, l'originale amarante, le coquelicot, le géranium lierre, les roses d'Inde et œillets d'Inde, l'eustoma, la balsamine, le pois de senteur odorant (*Lathyrus odoratus*), le lin à grande fleur bleu ciel, les zinnias et les capucines.

Les bulbes

Les bégonias, les iris des jardins, l'arum d'Éthiopie (*Zantedeschia*), la fritillaire et l'ail d'ornement aux grosses boules roses, blanches ou violacées.

À faire au jardin

Planter

■ des impatiens dans les endroits ombragés des cours, patios et passages étroits entre maison et clôtures.

■ des jeunes plants de gerbera sur le balcon et dans les petits jardins citadins. Ils ressemblent aux marguerites en étant plus raffinés. Dans un potager de fleurs à couper, plantez-les tous les 60 cm.

■ des jeunes plants de cléomes car le résultat des semis est quelques fois aléatoire, ainsi que des diascias en godets.

■ de jeunes coréopsis annuels et vivaces (tous les 30 cm) dans les jardins très ensoleillés, même secs. La floraison se renouvelle de juin à septembre.

■ les saisonnières destinées aux suspensions, dans un terreau riche et amélioré avec un rétenteur d'eau.

■ les pétunias, les bidens, les géraniums, les verveines, les campanules des murs et autres annuelles ou vivaces dans les potées de terrasse et de balcon.

Semer

■ les **annuelles** à croissance rapide comme la capucine, le lin annuel, le pavot de Californie, l'ipomée (volubilis) et le souci.

■ le gypsophile à grosses fleurs (*Gypsophila elegans*) qui fleurit blanc ou rose, et le gypsophile des murailles

mémo

Beaucoup de plantes **annuelles** sont proposées en godets à cette saison. Bien sûr le coût est plus élevé que celui d'un sachet de graines, mais cela permet d'avoir des fleurs tout de suite quand le temps n'a pas été très clément, et de compléter les massifs de vivaces encore jeunes. C'est aussi pratique pour renouveler les potées de balcon,
et donner de la couleur quand on n'a pas pu

(*G. muralis*) autour des escaliers et des dallages de campagne, au pied des murets de pierre sèche. Éclaircissez en gardant un pied tous les 20 cm après la levée.

■ renforcer la prairie fleurie avec des graines de cosmos, zinnias, bidens, pour avoir des fleurs en fin de saison.

Biner

■ régulièrement le sol nu sous les rosiers, et dans les massifs non protégés par un paillis.

Bouturer

■ les camélias hybrides en prélevant des jeunes pousses. Placez-les en situation ombragée dans un mélange de sable, terreau de feuilles et terreau de bouturage et maintenez humide.

■ les vivaces en prélevant des jeunes tiges souples sur la périphérie des touffes. Le bouturage peut se poursuivre en juin et juillet, dès l'instant où l'on ne prélève pas de tiges en fleurs ou déjà fleuries.

■ les œillets, en coupant des tiges de l'année comprenant 5 paires de feuilles. Ces boutures reprennent très facilement et il est même possible de les repiquer directement dans la bordure au lieu de les faire prendre en pot.

■ le romarin, à partir de jeunes tiges, et repiquez en terre un mois plus tard.

■ les arbustes à fleurs comme l'**hibiscus**, le jasmin d'hiver, le seringat à partir de tiges vertes pas encore lignifiées.

Pailler

■ toutes les nouvelles plantations pour éviter le dessèchement de la motte et des racines.

Tuteurer

■ les grandes vivaces à massifs comme les delphiniums. Le tuteur doit s'arrêter là où commencent les fleurs, à 60 cm de haut pour les variétés moyennes et à 1 m de haut pour les grandes variétés.

Je conseille

*« L'hibiscus des marais (*Hibiscus palustris *ou* roseus*) produit d'énormes fleurs tout l'été ainsi qu'un feuillage plus large que l'***hibiscus*** des jardins (*H. syriacus*). C'est une vivace de climat doux cultivée en annuelle dans les régions froides, et qui aime les sols frais. J'en fais tous les ans de grosses potées de terrasse sous l'auvent qui longe la maison. Elles sont spectaculaires, et le fait de les garder à mi-ombre une partie de la journée évite que la terre des pots ne sèche trop vite. »*

■ les chrysanthèmes pour réaliser des massifs et potées bien fournis. Placer le tuteur en premier, près de la motte au moment de la plantation en pleine terre, et 3 tuteurs en triangle répartis sur les côtés de la potée.

■ les pivoines de façon discrète avec un tuteur en demi-cercle ou des branchages secs de noisetier dont vous enfoncez une partie en terre autour de la touffe.

Pincer

■ les jeunes tiges de dahlias au bout de 3 à 4 semaines : couper entre le pouce et l'index l'extrémité de la tige. Cela favorise la pousse de tiges adjacentes qui rendent la touffe plus fournie.

■ continuez le pincement des grandes vivaces à massif pour les ramifier et densifier les touffes.

Tailler

■ les fleurs fanées au fur et à mesure de leur fanaison, autant sur les annuelles et vivaces précoces que sur les rosiers non remontants pour les garder nets et sains.

■ éboutonnez les rosiers si vous voulez des fleurs plus grosses et à longues tiges pour vos bouquets. Retirez simplement les boutons adjacents situés en dessous de la fleur principale.

■ l'oranger du Mexique après la floraison car il fleurit sur le bois de l'année précédente.

■ les gourmands qui apparaissent sur les tiges des rosiers ou en dessous du point de greffe. Coupez-les à la base. Ces tiges tireuses de sève sont reconnaissables, elles ne comportent pas de boutons floraux et poussent très droites.

■ le feuillage des iris d'Algérie (*Iris unguicularis*) à 10 cm du sol ; les bulbes refleuriront mieux l'hiver prochain.

■ tous les feuillages secs des bulbes printaniers. Si vous arrachez les bulbes, laissez-les sécher dans des clayettes sous un auvent et nettoyez-les avant de les entreposer dans des caissettes remplies de tourbe sèche ou de copeaux de bois.

■ en fin de mois, une moitié des grosses touffes de vivaces en cours de floraison, comme les géraniums.

mémo

Pour ne plus rater un arrosage et partir en week-end l'esprit libre, posez un système d'arrosage économe (goutte-à-goutte, tuyau micro-perforé, micro-asperseurs) relié à un programmateur. En terrain poreux, les micro-asperseurs sont efficaces car ils humidifient une plus large surface que le goutte-à-goutte, ce qui permet aux racines d'en profiter avant que l'eau ne s'infiltre plus profondément. En terrain argileux, le goutte-à-goutte humidifie mieux la terre car l'eau percole lentement dans ce milieu qui la retient plus longtemps.

Cela ne se voit quasiment pas si vous taillez sur l'arrière des touffes, et provoque une repousse qui sera à son tour toute aussi vigoureuse et florifère plus tard dans la saison.

Arroser

■ le sol des massifs que vous allez pailler.

■ les jeunes plants, les annuelles quand il fait sec, les bulbes d'été, les arbustes qui vont fleurir. Pensez qu'un manque d'eau à cette période risque de compromettre les floraisons.

■ les potées et suspensions tous les 2 ou 3 jours quand il ne pleut pas.

Nourrir

■ les dahlias avec un engrais spécifique « plantes à fleurs » si vous n'avez pas enrichi le sol du massif par du compost en hiver.

■ les rosiers remontants et ceux dont la floraison se renouvelle tout l'été.

Pailler

■ les derniers massifs plantés de vivaces, les plates-bandes d'annuelles à bouquets et le tour des nouveaux arbustes à fleurs.

■ la surface des grosses potées et des bacs de terrasse, avec des écorces pour les plantes de terre de bruyère, mais plutôt du mulch de cacao, des paillettes de lin ou de la pouzzolane (pierre de lave) pour les vivaces et autres arbustes.

Surveiller

■ les rosiers, pour déceler toute attaque de parasites ou d'oïdium. Traitez de façon préventive avec des purins végétaux et accueillez les insectes auxiliaires qui vous aideront à combattre les nuisibles.

■ le développement des touffes d'asters pour éviter qu'elles n'étouffent les autres plantes, la concurrence des mauvaises herbes dans les rocailles de plantes alpines, les limaces et escargots par temps pluvieux.

Je conseille

*« L'installation d'une maison à insectes dans le fond du jardin est la meilleure solution que j'ai trouvée pour attirer les insectes auxiliaires.
J'en ai acheté une toute faite, mais on peut aussi la construire avec des vieilles planches en y mettant différents matériaux qui serviront de nids aux insectes, comme les pots en terre garnis de feuilles et de mousse pour les perce-oreilles. »*

En juillet

Soleil et chaleur sont les alliés des plantes fleuries, mais n'oubliez pas d'arroser ! Un bon paillis vous aidera à gérer l'apport en eau.

Les floraisons

Les arbres

Magnolia grandiflora, le catalpa commun (*Catalpa bignognoïdes*), l'albizia (*Albizia julibrissim*) aux plumets rouge vif, le savonnier (*Koelreuteria*).

Les arbustes

Les spirées japonaises à floraison estivale, l'arbre aux papillons (*Buddleja davidii*), l'abélia, l'escallonia rose frais ou blanc, le laurier-rose et le callistemon, le leptospermum, le lagerstroemia, le fuchsia, les genêts des teinturiers, la potentille et les véroniques arbustives, le nandina, l'hibiscus des jardins et l'hibiscus des marais (*H. moscheutos*) spectaculaire par la taille de ses fleurs. Parmi les espèces de terre de bruyère, les hydrangéas (*Hydrangea arborescens* 'Annabelle' et *H. quercifolia* à feuilles de chêne), l'hortensia, les bruyères d'été (*Erica cinerea* et *Calluna vulgaris*) et le crinodendron. En plein soleil, la lavande, le millepertuis (*Hypericum calycinum* et *H.* 'Hidcote'), le datura et les cistes. Parmi les grimpantes, les clématites à grandes fleurs, la bignone, les chèvrefeuilles, le jasmin, la passiflore et le faux-jasmin (schizophragma).

Les vivaces

Le pontédéria, la sagittaire et le nénuphar dans les bassins, l'arum en trompettes blanc pur, l'astilbe et l'hosta dans les endroits frais et en sous-bois clair, le delphinium, la digitale, tous les géraniums vivaces, et la verveine vivace.

Les bulbes

Le lis candide (*Lilium candidum*), le lis martagon et le lis royal, les nombreuses espèces d'ail d'ornement, les bégonias, les dahlias et le début des cyclamens estivaux. Les premiers crocosmias, les crinums, les cannas, le freesia

Pavots aux couleurs éclatantes.

Iris communs des jardins.

odorant, les glaïeuls, et les longues hampes des jacinthes du Cap (*Galtonia*) en fin de mois.

Les annuelles

La gaillarde des peintres (*Gaillardia pulchella*), le lantana cultivé en potée annuelle, le godetia, le bleuet et le souci, les pétunias, surfinias, lobélias, bidens et autres saisonnières de balcon qui fleuriront tout l'été, le tabac d'ornement, les pois de senteur, l'hélianthus, l'ipomée, l'ipomopsis, l'agératum, le lavatère annuel, les limnanthes, la giroflée d'été (*Matthiola annua*), la balsamine, le pavot de Californie qui renouvèle ses fleurs chaque jour jusqu'en octobre, la capucine, la malope, les zinnias et, la belle-de-nuit (*Mirabilis*) et la plupart des annuelles qui ont commencé leur floraison en juin.

À faire au jardin

Préparer

■ les sachets et boîtes dans lesquelles vous allez récolter et conserver les graines pour l'an prochain ; collez des étiquettes en indiquant l'année.

■ vos bouquets secs en coupant les lavandes, les immortelles et autres fleurs de saison avant leur complet épanouissement.

Planter

■ les iris des jardins (*Iris germanica*), en plein soleil, dans une terre bien drainée. Recouvrez juste les rhizomes pour qu'ils soient à fleur de terre en sol léger, laissez-les à moitié à l'air en sol plus lourd.

Semer

■ les bisannuelles pour une floraison au printemps prochain : myosotis, giroflées, violette cornue, *Bellis* (pâquerette à grande fleur ou pompon).

Multiplier

■ les lis par prélèvement des bulbilles qui se développent à l'aisselle des feuilles. Replantez tout de suite dans des pots individuels, elles donneront des plants en deux ans.

Diviser

■ les iris en déterrant le rhizome avec précaution, à la fourche-bêche. Coupez celui-ci avec un couteau bien aiguisé, en plusieurs morceaux ayant chacun 8 à 10 cm de long, des racines et des feuilles. Replantez aussitôt les morceaux les plus sains, et supprimez les parties très âgées ou flétries.

Bouturer

■ le daphné odorant en boutures herbacées.

■ les plantes grimpantes comme la bignone et le chèvrefeuille.

■ les pélargoniums par des boutures « à talon » : prélevez une petite tige latérale qui n'a pas fleuri, en arrachant avec un petit morceau de la tige principale.

■ l'althéa (hibiscus des jardins), le laurier-rose, le romarin et la spirée à partir de tiges semi-aoûtées (semi-lignifiées).

Tailler

■ les genêts (*Cytisus*) après la floraison, soit très court pour garder un port très dense, soit en raccourcissant les tiges d'un tiers en haie champêtre.

■ les rosiers non remontants après leur floraison, en raccourcissant les branches d'un tiers de longueur. Supprimez les fleurs fanées des rosiers en fleurs tous les deux jours pour garder des massifs nets et éviter l'apparition des **parasites**.

■ les clématites de printemps comme *Clematis montana*.

Je conseille

« Certaines années, les attaques de pucerons sont très importantes. Quand je n'ai pas eu le temps de préparer des purins végétaux répulsifs, je traite ponctuellement les plantes atteintes avec du pyrètre végétal en solution toute prête achetée en jardinerie au rayon bio. C'est une façon rapide de se débarrasser des ***parasites****, mais à employer avec parcimonie quand même pour éviter d'éliminer aussi les insectes auxiliaires ! »*

Je conseille

« Pour limiter les arrosages des massifs, j'ai installé des tuyaux micro-perforés qui apportent l'eau directement au pied des plantes, mais surtout, à chaque fois que je tonds la pelouse, je couvre le sol des massifs avec mes déchets de tonte. Ce mulch frais conserve une bonne humidité au sol et se décompose rapidement en apportant des éléments nutritifs. »

■ rabattez les vivaces précoces aussitôt après leur première floraison. Cela favorise une bonne remontée en cours de saison. Coupez presque au ras du sol les tiges des delphiniums et des lupins. Supprimer les fleurs fanées sur les achillées, coréopsis, marguerites et anthémis.

■ couper les fleurs fanées des annuelles au fur et à mesure pour éviter qu'elles produisent des graines et terminent trop vite leur cycle de vie. Par contre, en fin de mois, arrêter de les couper si vous voulez récolter des graines pour l'an prochain.

■ supprimer aussi les vrilles inutiles des pois de senteur.

■ les fleurs fanées des pivoines en coupant au sécateur sous la corolle sans toucher au feuillage. Celui-ci reste décoratif en été et permet à la plante de reconstituer ses réserves.

■ les fleurs des vivaces et annuelles avant de partir en vacances. Les massifs seront plus propres à votre retour et les plantes auront déjà produit d'autres pousses dont une partie fleurira à nouveau.

■ éboutonner les dahlias et les chrysanthèmes, pour avoir des fleurs plus grosses, en enlevant les boutons adjacents.

Supprimez les fleurs fanées sur les rosiers.

Arroser

■ les plantes de terre de bruyère abondamment. La terre doit rester fraîche car il est difficile de rattraper un stress hydrique sur les rhododendrons qui forment déjà leurs boutons floraux pour le printemps prochain.

■ les massifs d'hortensias tous les deux jours par temps sec.

■ les **potées**, jardinières et suspensions tous les jours, tard le soir ou très tôt le matin.

■ les massifs de fleurs vivaces et annuelles chaque jour en cas de température élevée, tous les deux jours si le temps n'est pas trop chaud.

■ les arbustes à floraison estivale, au pied, comme les dahlias et les rosiers.

■ le sol au pied des pois de senteurs car ils ont besoin d'une terre fraîche pour fleurir.

Nourrir

■ les rosiers qui viennent de fleurir, pour stimuler une remontée. Répartissez l'engrais autour des pieds mais sans toucher les troncs et griffez le sol pour l'incorporer.

■ les dahlias avec un engrais spécifique ou « plantes à fleurs ». Arrosez avant l'épandage d'engrais, même dans le cas d'un engrais soluble, pour éviter de brûler les racines.

Surveiller

■ le tuteurage des dahlias : monter le fil de raphia ou la ficelle plus haut sur les piquets qui entourent la touffe. Sur les tuteurs individuels, ajoutez un lien plus haut pour continuer à guider la tige principale.

■ le palissage des grimpantes en ajoutant des liens si besoin.

■ les mauvaises herbes dans les massifs qui ne sont pas paillés, et au potager de fleurs à couper. Enlevez-les par un binage régulier.

■ le durcissement de la surface de la terre dans les pots et bacs. Griffez-la régulièrement pour qu'elle laisse l'eau s'infiltrer partout à chaque **arrosage**.

mémo

Au cœur de l'été, les plantes de balcon peuvent souffrir d'un trop fort ensoleillement quand la réverbération sur les murs est intense, et l'exposition trop chaude. Pour éviter de les voir se faner les unes après les autres, descendez les jardinières des rambardes et posez-les par terre après avoir fixé un treillage (1,50 à 1,80 m de haut sur 1 m de large) sur cette dernière pour ombrager légèrement le balcon. Les **potées** de vivaces profiteront aussi de cette installation, et le balcon restera bien coloré.

mémo

Bien utile, le programmateur d'**arrosage** s'installe facilement entre le robinet d'arrivée d'eau et le tuyau. Il doit déclencher l'arrosage la nuit ou tôt le matin, quand la terre est encore fraîche, pour limiter l'évaporation. Pensez à changer la programmation pendant les périodes de pluie et à allonger les durées d'arrosage quand il commence à faire très chaud.

En août

C'est le mois des annuelles car les vivaces attendent la remontée de fin d'été. Soignez aussi les plantes de balcon, pour qu'elles résistent à la chaleur.

Les floraisons

Les arbres

Magnolia grandiflora, et l'albizia (*Albizia julibrissim*) en plumets rouge vif.

Les arbustes

Le caryoptéris bleu vif, la famille des fuchsias, le laurier-rose et le callistemon, le leptospermum, le lagerstroemia, les spirées japonaises à floraison estivale, les rosiers, l'arbre aux papillons (*Buddleja davidii*), l'abélia, l'escallonia en rose frais ou en blanc, les genêts des teinturiers, la potentille et les véroniques arbustives, le nandina, l'hibiscus des jardins et l'hibiscus des marais (*H. moscheutos*), spectaculaire par la taille de ses fleurs, et le datura. Parmi les espèces de terre de bruyère, les nombreuses variétés d'hydrangéas dont *H. arborescens* 'Annabelle' et *H. quercifolia* à feuilles de chêne, toutes les variétés d'hortensias, les bruyères d'été (*Erica cinerea et Calluna vulgaris*), le crinodendron odorant. En plein soleil, la lavande, le millepertuis (*Hypericum calycinum* et *H.* 'Hidcote') et les cistes. Les clématites à grandes fleurs, la bignone, les chèvrefeuilles, le jasmim, la passiflore et le faux-jasmin (schizophragma) parmi les grimpantes.

Les vivaces

Le pontédéria, la sagittaire et le nénuphar dans les bassins, l'arum en trompettes blanc pur, l'astilbe et l'hosta dans les endroits frais et en sous-bois clair. Le delphinium, la digitale, tous les géraniums vivaces, la verveine vivace. Les agapanthes bleu ou blanc, l'aconit, l'alstroemère, l'alysse, les asters, l'echium, les érigérons, les gyspsophiles, l'hélénium, l'immortelle (hélichrysum), le crocosmia, les phlox, le penstémon rose, rouge ou blanc, les rudbeckias

La floraison des hortensias habille les façades.

orangés, les sauges, les sédums tapissants, le sildacea, le solidago, les verveines.

Les bulbes

Le lis candide (*Lilium candidum*), le lis martagon et le lis royal, les nombreuses espèces d'ail d'ornement, les bégonias, tous les dahlias, l'ornithogale, les cyclamens de Naples, les crocosmias, les crinums, la majorité des cannas, le freesia odorant, l'eucomis, les glaïeuls, les jacinthes du Cap (*Galtonia*).

Les annuelles

La gaillarde des peintres (*Gaillardia pulchella*) dans les jardins secs, le godetia, la scabieuse, le bleuet et la nigelle, le lin dans les jardin de campagne. Les pétunias, surfinias, lobélias, bidens, clarkias et autres saisonnières de **balcon** qui fleuriront tout l'été. Le tabac d'ornement, les belles de nuit (*Mirabilis*) aux fleurs odorants, les pois de senteur, les grands hélianthus, l'ipomée, l'ipomopsis, l'agératum, le lavatère annuel, les limnanthes, la giroflée d'été (*Matthiola annua*), la balsamine, le pavot de Californie qui renouvèle ses fleurs chaque jour jusqu'en octobre. La capucine, la malope, les zinnias, les soucis, les tagetes, au potager comme dans les bordures, et le cosmos.

mémo

Les plantes de **balcon** produisent une floraison très abondante et renouvelée tout l'été pour la plupart. Aidez-les en ajoutant un engrais soluble très dilué dans l'eau d'arrosage une fois tous les 15 jours.

À faire au jardin

Planter

■ *Amaryllis belladona*, en fin de mois ou en septembre. Son feuillage se développe en hiver et disparaît avant sa floraison de fin d'été.

■ commencez la plantation des bulbes précoces de printemps (en fin de mois dans un sol qui ne s'engorge pas. Allégez les sols lourds en ajoutant du sable grossier.

■ refaites vos jardinières et potées qui ont mal passé les fortes chaleurs, en plantant des pétunias ou surfinias retombants. N'oubliez pas d'ajouter un rétenteur d'eau au terreau.

■ repiquez les bisannuelles semées en juillet, chaque plantule dans un godet individuel.

Semer

■ continuez le semis des bisannuelles (giroflées, primevères, myosotis...) pour un repiquage en situation protégée le mois prochain. Ombrez ces semis aux heures chaudes.

Bouturer

■ le weigelia, les viornes, l'azalée, l'hortensia, les fuchsias et autres arbustes à fleurs en prélevant des tiges aoûtées (lignifiées) non fleuries. Plantez-les dans un mélange de sable et de tourbe maintenu humide.

■ les rosiers, en coupant des tiges aoûtées de 20 à 25 cm de long. Enfoncez les boutures collectivement dans des pots remplis d'un mélange par tiers de sable, tourbe et terre franche. Placez le tout dans un endroit lumineux mais ombragé aux heures les plus chaudes de la journée. Arrosez régulièrement. Les **boutures** seront à repiquer au printemps prochain.

Multiplier

■ les rhododendrons et bruyères par marcottage en abaissant au sol des tiges souples de la périphérie.

Récolter

■ les graines des annuelles et des vivaces qui ont fini leur floraison. Placez un parapluie ouvert sous les touffes de belles-de-nuit avant de les secouer, coupez les têtes des gaillardes et secouez-les dans un sac en papier, coupez au ciseau les capitules brunies des roses trémières avant qu'elles ne s'ouvrent pour récolter les graines. Placez dans des boîtes bien étiquetées.

Tailler

■ les feuilles des roses trémières tachées par la rouille et brûlez-les ou jetez-les à la poubelle. C'est le signe d'une trop forte humidité du sol. Il est important de bien vérifiez le drainage.

■ les glaïeuls fanés en coupant la tige florale au sécateur, assez bas, en écartant les feuilles. Pour cueillir ceux

Je conseille

« En été, j'essaye toutes les boutures possibles pour multiplier mes plantes à peu de frais. Certaines réussissent mieux que d'autres, comme les boutures d'hortensias, de rosiers et de romarin. Mais j'ai remarqué que mon taux de réussite est souvent lié à l'endroit où je place les ***boutures*** *: il faut qu'il soit chaud mais sans excès, à demi ombragé et protégé des vents. Le rebord de fenêtre de mon cabanon qu'un chèvrefeuille surplombe est le meilleur endroit pour les rosiers, par contre les boutures de fuchsias se plaisent davantage posées sur les marches de l'escalier ! »*

destinés aux bouquets, procédez de même en coupant avec un couteau, au-dessus de la 4e ou 5e feuille.

■ en fin de mois, coupez les hampes florales des lavandes, au ras de la touffe de feuillage sans toucher à ce dernier.

Arroser

■ par fortes chaleurs, chaque jour le soir ou tôt le matin, toutes les plantes de balcon, de terrasse et de massif de ville.

■ dans les jardins de campagne, arrosez copieusement les nouvelles plantes installées et celles qui sont dans leur première année de plantation. Arrosez beaucoup moins les massifs de vivaces déjà installées, surtout si vous avez paillé le sol.

■ les dahlias, glaïeuls, pois de senteur et toutes les plantes qui aiment garder les pieds au frais en été comme les astilbes, hostas, hortensias et hydrangéas, lysimaques, hémérocalles...

Nourrir

■ les dahlias une fois tous les 15 jours, après un arrosage.

■ les rosiers remontants pour favoriser la floraison de fin d'été et d'automne. Certains comme 'Fée des Neiges', 'Jardins de Valloire' et 'Mme Alfred Carrière' restent épanouis jusqu'aux gelées.

Surveiller

■ la serre. Toutes les plantes sont dehors, c'est le moment de réparer tout ce qui est cassé, de la nettoyer à fond et de la réaménager si besoin.

■ les plantes aquatiques. Supprimez les feuilles noircies, et éclaircissez les plantations si certaines espèces comme les nénuphars ou le myriophylle se sont trop développées.

■ le développement des touffes des vivaces dans les grands massifs, car certains se creusent et d'autres se font étouffer par les concurrentes.

Je conseille

« Pour vos bouquets, cueillez les glaïeuls quand il reste encore des boutons en haut de la tige. Supprimez les feuilles du bas et enlevez les fleurs fanées au fur et à mesure pour faire tenir le bouquet plus longtemps. »

Un bouquet avec des glaïeuls.

En septembre

La saison des fleurs est loin d'être terminée, car beaucoup de vivaces et d'annuelles tiennent encore un bon mois, et les bulbes d'automne démarrent leur festival.

Les floraisons

Les arbustes

Les clématites, la bignone et la passiflore, l'hibiscus des jardins. Les bruyères cendrées, le daboecia, les callunes, les hortensias et les hydrangéas dont *Hydrangea quercifolia* à feuille de chêne et longues panicules blanc rosé, le crinodendron odorant, aux curieuses lanternes rouges vifs. L'abélia, le caryopytéris, les fuchsias, le lavatère, le pérovskia, les rosiers et le lagerstroemia.

Les vivaces

L'aconit et les agapanthes, les asters, l'alysse, l'anémone du Japon, la reine-marguerite, les érigérons, le gypsophile, les héléniums, les delphiniums, le diascia, le dimorphotéca, l'immortelle, le phlox, le rudbeckia, les sauges jusqu'en octobre, les sédums grands et petits, les verveines et le solidago.

Dans les bassins, les nénuphars, la pontédéria aux grandes épis bleus, et l'aponogeton renouvèlent leurs fleurs.

Les bulbes

Les colchiques, les dahlias, les crocosmias, les tapis de crocus et de cyclamens d'automne, l'amaryllis de jardin (*Amaryllis belladona*), les nérines dans les endroits chauds du jardin ou de la terrasse, le schizostylis, la tubéreuse au parfum envoûtant et l'original tigridia, le glaïeul, le cyclamen de Naples et les bégonias.

Les annuelles

Les annuelles en fleurs en août car elles tiennent toutes jusqu'à la fin septembre. L'hélianthus en gros soleil doré au cœur noir et les violettes.

mémo

« Profitez des touffes encore bien fournies d'alstroemères pour réaliser vos bouquets d'automne. Ils tiennent très longtemps en vase, au minimum une semaine. De cette façon, vous nettoierez une partie des touffes avant de les rabattre le mois prochain. »

Toutes les annuelles renouvellent encore leurs fleurs ce mois-ci.

À faire au jardin

Préparer

■ les nouveaux massifs de vivaces que vous projetez de créer le mois prochain par un binage profond et émiettage des mottes. Vous binerez à nouveau avant la plantation.

Planter

■ jusqu'à fin octobre, les rhododendrons, skimmias, azalées, et autres plantes fleuries de terre de bruyère. Elles auront le temps de s'enraciner avant le froid hivernal, et profiteront des pluies automnales. Ajoutez un engrais organique au fond des trous et recouvrez d'une pelletée de terre et de terreau de feuilles.

■ les arbustes à fleurs persistants : callistemon et grévillea en climat doux, abélia, céanothes, osmanthes,

Plantation de plantes de terre de bruyère.

laurier-tin, mahonia, clématite persistante (*Clematis armandii*), millepertuis… Tuteurez les arbustes tiges à la plantation pour les aider à s'enraciner correctement le premier hiver.

- les lis de la Madone (*Lilium candidum*) en terrain poreux mais riche. Ajoutez du terreau de feuilles et du sable grossier en terrain plus lourd.
- les **bulbes** de printemps en fin de mois, et jusqu'à la fin octobre. Réalisez des potées très fournies pour le balcon, en superposant deux couches de bulbes de différentes hauteurs (muscaris-tulipes, *Iris reticulata*-narcisses…).
- bouchez tous les trous créés par les vivaces défleuries dans vos massifs avec des fleurs d'automne achetées en godets en jardinerie comme les dahlias nains et les asters.
- des chrysanthèmes, asters et bruyères dans les potées pour animer le balcon à cette saison.
- repiquez les bisannuelles semées en août pour les endurcir avant la baisse des températures.
- des choux décoratifs sur le balcon dans de larges pots et au jardin en bordure de massif, pour avoir une animation originale et colorée cet hiver.

Semer

- des annuelles (clarkia, muflier, souci, godetia) en serre, pour une floraison précoce au printemps. Repiquez en pots individuels dès que les plantules sont assez fortes.

Tondre

- la prairie fleurie quand les vivaces et annuelles ont grainé et se sont ressemées.

Diviser

- les touffes des vivaces âgées ou trop volumineuses si elles sont plantées en terrain léger. Elles auront le temps de s'enraciner à nouveau avant l'hiver
- les iris du Japon et les hémérocalles dont il faut attendre la fin de la floraison pour opérer.

Je conseille

*« Dans un sol lourd et humide, il est aussi possible d'avoir des **bulbes** : prenez juste la précaution d'ajouter 5 cm de sable grossier au fond du trou et de caler le bulbe dessus sans laisser d'air entre le fond de ce dernier et le sable. Choisissez des espèces peu fragiles, comme les narcisses qui réussissent bien dans les sols difficiles se réchauffant tard au printemps. »*

Bouturer

■ continuez à bouturer les arbustes à fleurs tels que le weigélia, l'azalée et les rosiers en prélevant des tiges aoûtées, dont le bois est déjà dur.

■ les vivaces en prenant des tiges périphériques. Les boutures sont plantées collectivement dans des caissettes ou dans des pots larges.

Récolter

■ continuez la récolte des graines d'annuelles (gaillarde, tabac d'ornement, eustoma, convolvulus, nigelles...) pour améliorer vos semis au printemps prochain. Beaucoup se conservent entre 3 et 5 ans, bien au sec.

Tailler

■ Les fleurs fanées des cannas, puis la hampe florale pour éviter à la plante de s'épuiser en produisant des graines.

■ commencez à couper les feuilles fanées des annuelles.

■ les rosiers grimpants non remontants en coupant les tiges qui ont fleuri au ras des branches charpentières. Les nouvelles tiges produiront la floraison de l'an prochain. Enlevez aussi le bois mort.

■ les bouquets fanés sur les rosiers à fleurs groupées : en coupant le bouquet au-dessus de la deuxième paire de feuilles située au-dessous des fleurs. Et au fur et à mesure, toutes les fleurs fanées des rosiers remontants. Cette précaution est importante à cette époque où les insectes cherchent refuge pour l'hiver.

■ les arbustes à fleurs estivales après leur floraison, en raccourcissant l'extrémité des rameaux.

■ les tiges flétries et les feuilles sèches des pélargoniums qui ont souffert de la sécheresse pendant l'été.

Pailler

■ les jeunes plantations de rhododendrons, sur 4 à 5 cm d'épaisseur pour les protéger du stress hydrique. Ce paillage protège aussi les jeunes plants du froid le premier hiver.

Récolte de graines d'eschscholzia et de coquelicot.

Arroser

- toutes les jeunes plantes, en fonction des intempéries. Attendez que le sol se ressuie après une pluie mais pensez à arroser fréquemment si le temps reste sec.
- les potées et jardinières de balcon, régulièrement chaque semaine, quand il ne pleut pas, jusqu'à la fanaison, des plantes saisonnières.
- les plantes de terre de bruyère, chaque semaine quand il ne pleut pas, pour que la terre reste fraîche autour des racines.

Surveiller

- la solidité des tuteurs et les liens autour des touffes de dahlias.

Je conseille

« La gourmandise des dahlias est bien connue ! Il faut leur apporter de l'engrais environ tous les 15 jours quand on souhaite le renouvellement de la floraison jusqu'à la fin de la saison. Mais il faut aussi savoir arrêter cet apport, environ un mois avant l'arrachage. »

En octobre

Pendant les belles journées d'automne, préparez le printemps, par des tailles, nettoyages et plantations appropriées. Et pensez à nouveau aux bulbes qui réveilleront le jardin dans quelques mois.

mémo
Céraistes, thym nain, sédums, saxifrages, aubriète, arabète, érigéron des murailles (*Erigeron karvinskianus*) et campanules des murs poussent dans très peu de terre et résistent à la sécheresse. Ils animent joliment les murets.
En climat doux et bord de mer, ajoutez le delosperma, il forme de magnifiques coussins de fleurs de mai à octobre.

Les floraisons

Les arbustes

Les bruyères cendrées, les callunes, le daboecia, la fin des hortensias et des hibiscus des jardins, les dernières véroniques, le début des camélias (*Camelia sasanqua*) dont certains sont parfumés.

Les vivaces

Les asters d'automne, le cortadéria, l'érigéron, l'hélénium, les phlox, le rudbeckia, les sauges, le solidago, et les verveines.

Les bulbes

L'amaryllis de jardin, la giroflée, les cyclamens, les dahlias jusqu'aux gelées, les nérines, et l'élégant schizostylis.

Les annuelles

L'agératum, les gaillardes, l'ipomée, le lobélia, le mimulus, le tabac d'ornement, la scabieuse, les tagetes, les chrysanthèmes, et les zinnias.

À faire au jardin

Préparer

■ les nouvelles plates-bandes printanières qui occuperont un espace sur la pelouse. Formez le dessin avec un tuyau d'arrosage et découpez le gazon selon ce dessin. Gardez les plaques de gazon que vous retournerez sur la surface du massif après avoir bêché sommairement et émietté les mottes. Elles se décomposeront en fournissant un bon engrais.

■ les nouvelles plantations de rosiers, en bêchant sur 50 cm de profondeur et en mélangeant à la terre bien

Ambiance de feuillages colorés.

émiettée de la tourbe, du compost bien décomposé, du terreau et de la corne broyée.

Planter

■ les bulbes précoces tels que les muscaris, les narcisses, le perce-neige (*Galanthus nivalis*), les scilles, les crocus...

■ en fin de mois, plantez les tulipes, liliums, jacinthes et autres bulbes de printemps.

■ les pivoines, sous 3 cm de terre au maximum.

■ les petits bulbes de printemps sur la pelouse, lancez-les à la volée puis découpez la pelouse avant de planter chaque bulbe dans un trou fait au **plantoir** à bulbe. Vous remettrez cette calotte de pelouse par-dessus pour qu'il n'y ait pas de différence avec le reste de votre tapis vert.

■ toutes les vivaces que vous voulez installer au jardin. Comme le sol est encore chaud, elles auront le temps de s'enraciner avant le plus fort de l'hiver et se développeront ainsi plus vite au printemps.

■ continuez la plantation des arbustes à fleurs de terre de bruyère, dont les bruyères.

■ des espèces de rocaille dans les murets de pierre sèche, pour avoir une ambiance fleurie sur un support vertical.

Je conseille

« Je plante toujours mes bulbes à l'aide de ***plantoirs*** *à bulbes, et pour réaliser les grands tapis de bulbes sous les arbres, je prends la plus petite taille de ces plantoirs. Quand j'ai plus d'une cinquantaine de petits bulbes à enfoncer en terre, ce plantoir me fait gagner un temps appréciable et m'évite beaucoup de fatigue ! »*

Tailler

■ le chèvrefeuille pour contrôler son ampleur. Supprimez les tiges vagabondes qui vont au-delà des limites du jardin, chez les voisins. Enlevez le bois mort et secouez la ramure pour faire tomber les feuilles sèches.

■ les agapanthes caduques dont la floraison s'est terminée fin août. Hivernez les potées de persistantes en véranda très peu chauffée ou en serre froide. Leur feuillage reste décoratif mais craint le gel.

■ toutes les vivaces caduques, en les rabattant à 5 ou 10 cm du sol dans les régions peu rigoureuses. Vous pouvez aussi attendre le printemps pour les rabattre, car elles servent d'abri aux insectes auxiliaires dans les régions froides.

■ tous les feuillages des annuelles pour faire place nette dans les massifs.

Arracher

■ les bulbes de bégonias tubéreux avant les premiers gels et entreposez-les dans une caissette de tourbe sèche, à l'abri, après les avoir nettoyés. Paillez la souche des espèces que vous laissez en pleine terre comme le bégonia *grandis*.

■ les bulbes de glaïeuls, en fin de mois quand le feuillage est jaune. Déterrez à la fourche-bêche pour éviter d'abîmer les bulbes. Laissez-les sécher une bonne semaine à l'abri du gel, dans une pièce bien aérée.

Arroser

■ les derniers massifs de fleurs d'automne (asters, héléniums, nérines, rudbeckias, verveines...) quand le temps est sec.

■ les vivaces persistantes et arbustes à fleurs persistants quand le temps est très sec, car ils ont besoin d'eau pour garder un beau feuillage.

■ les potées de mimulus, d'amaryllis de jardin et les dernières floraisons du balcon.

Protéger

■ commencez à rentrer en serre froide ou véranda toutes les potées de plantes frileuses, avant les premiers gels.

■ sortez les nénuphars de l'eau si le bassin est peu profond, pour les entreposer hors gel dans une bassine remplie de sable maintenu humide.

Surveiller

■ les nouvelles plantations et les vivaces caduques, en plantant un petit tuteur repère accompagné d'une étiquette portant le nom de la plante. Comme les feuillages disparaissent en hiver, cela permet de se souvenir des emplacements et des espèces plantées.

Plantation de bulbes à l'aide d'un plantoir.

En novembre

Les premiers froids vifs sont le signal des protections à mettre autour de toutes les plantes sensibles. Emmitouflez ou abritez sous serre, pour préserver vos merveilles au jardin comme au balcon.

Les floraisons

Les arbustes

Le jasmin d'hiver (*Jasminum nudiflorum*) jaune, les camélias *sasanqua*, les bruyères d'hiver (*Erica carnea*), le début des camélias hybrides.

Les vivaces

Les schizostylis, les derniers diacias et asters d'automne, les cierges d'argent (*Cimicifuga*), les physalis, les dernières sauges, le stipa, les anémones du Japon et le bergénia.

Les bulbes

Cyclamen coum en grands tapis, le perce-neige (*Galanthus*) en clochettes blanches, les nérines.

Les annuelles

Le chrysanthème et les derniers cosmos.

À faire au jardin

Planter

■ les haies ornementales d'arbustes caducs à fleurs, tels que les spirées, groseilliers à fleurs, forsythias, caryopteris, cognassier du Japon (*Chaenomeles*).

■ les rosiers à racines nues et rosiers en conteneurs après avoir arrosé les mottes. Les racines nues seront trempées dans une boue de pralinage avant la plantation.

■ les **arbustes caducs** : hortensia, hydrangéa, clérodendron, céanothe, deutzia, hibiscus, genêt, forsythia, corête... Tassez autour du pied pour stabiliser la terre une fois la plantation terminée.

Je conseille

*« Plantez tous vos **arbustes caducs** en automne, avant la fin décembre. Ils vont installer leurs racines avant les grands froids, et au printemps ils pourront utiliser toute leur énergie à développer leurs parties aériennes. C'est le meilleur moyen de gagner une saison de végétation. Les arbustes à floraison printanière profiteront de cette avance, et fleuriront plus abondamment. »*

Installation des protections hivernales autour des plantes.

Le paillis de feuilles sèches protège du froid.

■ les derniers bulbes sur la pelouse, des tulipes et des jacinthes dans les massifs, hors période de gel et quand le sol n'est pas détrempé.

■ repiquez en pots individuels les boutures de vivaces effectuées en septembre, et gardez-les dans un châssis ou en serre froide.

■ les bruyères d'hiver déjà en fleurs, les pensées et les premières violettes dans des potées et grandes jardinières pour égayer le balcon ou l'entrée de la maison.

Semer

■ les vivaces alpines dont les graines apprécient le froid, en caissettes remplies d'un mélange par tiers de tourbe, terre de jardin et sable grossier. Placez ces caissettes à l'extérieur à l'abri des oiseaux.

Tailler

■ les tiges des roses trémières au ras du sol et les tiges sèches des érigérons. Cela favorisera leur repousse vigoureuse au printemps.

■ les dernières fleurs fanées des rosiers en coupant au-dessus de la première ou deuxième paire de feuille. Supprimez aussi les bois morts des ramures.

■ les chèvrefeuilles ayant fleuri cet été, en aérant le centre et en raccourcissant les tiges d'un tiers à une moitié de longueur selon les besoins. Cette taille permet de contrôler l'ampleur de la ramure. Par contre, ne taillez surtout pas le chèvrefeuille d'hiver (*Lonicera frangrantissima*) car il va fleurir.

Arroser

■ les plantes persistantes par temps très sec, environ une fois tous les 10 jours.

Nourrir

■ le sol des massifs destinés aux lis, très gourmands en éléments nutritifs, en incorporant du compost bien mûr. Cela allégera aussi la terre.

mémo

Si vous achetez vos rosiers en vpc, il est en général inutile de retailler les racines car elles ont déjà été « habillées » par le producteur. Par contre, vérifiez qu'elles n'ont pas séché pendant le transport, auquel cas vous devrez les renvoyer et demander une nouvelle livraison.

mémo
S'il gèle quand vous achetez ou recevez vos arbustes à fleurs, attendez quelques jours que le temps soit plus clément pour planter. Les arbustes à racines nues seront placés dans une jauge au jardin (tranchée en V dans laquelle les plantes sont posées penchées et recouvertes de terre jusqu'au quart inférieur de leur tige), les arbustes et vivaces en conteneurs seront laissés dans un coin abrité et hors gel, par exemple au garage.

■ le sol autour des magnolias en apportant un compost de feuilles et de matières organiques. Cela favorisera une bonne floraison printanière.

■ avec un bonne couche de compost le sol de tous les massifs : de vivaces, d'arbustes à fleurs, de haie d'ornement, de rosiers et les plates-bandes vides destinées aux annuelles de la prochaine saison. Le travail des micro-organismes qui assimileront ce compost pendant l'hiver enrichira la terre.

Protéger

■ les souches des arums avec de la paille ou des feuilles sèches maintenues par un manteau de fougères.

■ les souches des vivaces sensibles au froid avec un amas de feuilles sèches et de fougères entremêlées, tenu avec quelques pierres posées dessus.

■ les schizostylis et nérines encore en fleurs des vents violents.

■ les camélias fleurissant en toute fin d'hiver, en pots sur les terrasses et balcons. Un manteau de paille ou un voile d'hivernage convient, pas trop serré pour laisser la ramure aérée. Les camélias fleuris de décembre à février seront placés dans les coins abrités des vents glacés.

■ toutes les potées de plantes frileuses comme les fuchsias, lauriers-roses, datura, callistemon, punica... en les entourant, pot compris, dans des housses de voile d'hivernage, ou une feuille de papier bulle. Attachez l'ensemble avec de la ficelle pour que ce manteau résiste au vent. Placez-les dans un coin abrité des vents glacés.

■ rentrez les potées de géraniums et d'anthémis qui ne peuvent résister au froid. Supprimez les feuilles mortes, raccourcissez les tiges d'un tiers environ, et placez les pots dans une pièce hors gel et lumineuse. Vous les arroserez très peu jusqu'au printemps.

■ des limaces les jeunes pousses des bulbes de printemps qui commencent à pointer dans certaines régions. Couvrez le sol autour avec des gravillons, de la cosse de sarrasin ou des paillettes de lin.

■ les potées de lis en les entreposant au sec dans une pièce fraîche mais hors gel, à l'abri des rongeurs et des limaces.

Nettoyage des pots et des jardinières.

Traiter

■ les rosiers avec de la bouillie bordelaise pour prévenir les maladies cryptogamiques.

Nettoyer

■ tous les pots et jardinières de plantes saisonnières en les vidant de leur contenu fané et du terreau. Passez-les sous l'eau et brossez-les pour les entreposer ensuite dans un coin du balcon, de la terrasse ou dans une petite serre.

■ les **bulbes** de glaïeuls, une fois bien secs, en détachant les petits caïeux puis le corme ancien qui se trouve sous le bulbe de l'année. Détachez-le d'un coup sec. Gardez les bulbes dans une pièce fraîche, à l'abri des rongeurs.

Ramasser

■ les feuilles mortes et débris végétaux qui jonchent le jardin, pour fabriquer un excellent compost que vous épandrez au printemps sur le sol autour des nouvelles plantations.

Je conseille

« Après avoir entreposé mes ***bulbes*** *pour la période hivernale dans des caissettes remplies de tourbe ou de sciure bien sèche, je vais régulièrement regarder leur état pour enlever ceux qui présentent des traces de pourriture. Car il n'est pas toujours facile de sélectionner les bulbes à conserver après l'arrachage. »*

En décembre

Peu de travaux ce mois-ci, car le jardin est en grande partie au repos. Alors profitez sereinement des imperturbables qui ont choisi cette saison pour fleurir !

Les floraisons

Les arbustes

Les bruyères d'hiver (*Erica* × *darleyensis*, *E. carnea*), le chimonanthe, l'hamamélis, le jasmin d'hiver, les mahonias, les camélias et le mimosa (*Acacia dealbata*). Le laurier-tin (*Viburnum tinus*), les viburnums odorants (*Viburnum bodnatense* et *V. fragrantissimum*), le daphné odorant (*Daphne odora*) et le chèvrefeuille arbustif (*Lonicera fragrantissima*).

Les vivaces

La rose de Noël (*Helleborus niger*), qui s'ouvre à Noël, et les graminées, qui gardent un feuillage coloré et décoratif même si elles ne sont pas réellement en fleurs, (miscanthus, stipa, pennisetum). Les pétasites avant que leur feuillage ne pousse.

Les bulbes

L'iris d'Algérie, les premiers narcisses, le perce-neige (*Galanthus*), le crocus d'hiver (*Crocus laevigatus*), l'iphéion (*Ipheion uniflorum*) en région douce.

Je conseille

« Quand il neige, je fais systématiquement le tour du jardin pour voir si celle-ci s'est accumulée sur les ramures des arbustes à fleurs. Si c'est le cas, je secoue les branches pour éviter qu'elles ne cassent sous le poids. J'enlève aussi rapidement la neige sur les ramures de rhododendron et de camélias dont le feuillage n'est plus abrité par les arbres caducs en cette saison. »

À faire au jardin

Organiser

- le réaménagement du potager de fleurs à couper en l'entourant de petites barrières en bois ou de claustras.

Planter

- continuer les plantations des arbres et arbustes à fleurs caduques, en milieu de journée, en dehors des périodes de gel et dans un sol non détrempé.

Viburnum tinus 'Eve Price'.

Tassez le sol autour des nouvelles plantations.

Semer

■ des pois de senteur en godets, en les plaçant sous châssis ou en serre froide hors gel.

■ les primevères, en terrain frais et ombragé ou en sous-bois.

Arroser

■ les vivaces persistantes une fois tous les 15 jours et arbustes persistants comme le sarcococca, le camélia et le nandina, une fois tous les 10 jours. Procédez en milieu de journée, hors gel.

Ramasser

■ continuez à ramasser les feuilles mortes et débris végétaux divers pour les entreposer sur le compost.

Nourrir

■ les rosiers en étalant du fumier bien décomposé à leur pied, sans toucher celui-ci.

■ les oiseaux pour qu'ils restent à demeure dans votre jardin et vous aident à éliminer les parasites à la sortie de l'hiver.

Protéger

■ les jeunes camélias en région froide. Couvrez le sol de paille sur 30 cm de haut et 50 cm autour du tronc.

■ les plantes grimpantes sensibles au froid comme le céanothe et l'abutilon, ou celles qui sont plantées en région froide, avec un voile d'hivernage tendu par-dessus et de la paille au pied. Soulevez le voile par temps clément, replacez-le quand il gèle.

■ les rosiers par un buttage de leur pied, en relevant la terre sur 25 cm environ autour de leur tronc.

Surveiller

■ tassez le sol autour des nouvelles plantations et des arbustes si le gel a soulevé les mottes.

■ les protections hivernales des plantes sensibles au froid.

LES MEILLEURES ASSOCIATIONS POUR UN JARDIN

EN HIVER

Au jardin

Dans les massifs de terre de bruyère, associez plusieurs espèces et variétés de camélias pour que les floraisons se succèdent, ainsi que quelques nandinas. Au pied, plantez des bruyères d'hiver à feuillage vert.

En massifs arbustifs, adoptez le laurier-tin avec le camélia, l'hamamélis et le sarcococca avec plusieurs espèces de viburnums à floraison hivernale et printanière.

En haie, associez jasmin d'hiver et cotonéaster.

Le long des allées et dans les rocailles

Choisissez parmi la grande palette des bruyères, particulièrement celles au feuillage doré.

Sur la terrasse et au balcon

Les bruyères poussent aussi en pots et jardinières, associez-les avec du lierre et des hellébores. En petite jardinière, plantez des iris d'Algérie avec des perce-neige.

AU PRINTEMPS

Au jardin

Muscaris, éranthis et euphorbes dans les massifs de vivaces, coronille dans les massifs arbustifs.

En bosquet ou protégé contre la clôture, mimosa et abélia au pied.

En haie, mahonias avec des scilles à leur pied, ou en alternance avec des berbéris pourpres. Pour rythmer les haies d'ornement et les massifs de vivaces, groseilliers à fleurs avec genêts d'Espagne, puis spirées et deutzias en fin de saison.

Le long des allées et dans les rocailles

Des muscaris, jacinthes et narcisses éparpillés dans les vivaces et au pied des arbustes. Pulsatilles, bergénias et primevères dans les rocailles fraîches avec des pervenches, pulmonaires et hostas qui prendront le relais ensuite. Sous un cercis, plantez des anémones de printemps et des saxifrages. En mai, pavots et alchemilles, campanules et fritillaires, ail d'ornement et géraniums.

Sur la terrasse et au balcon

Jacinthes et narcisses font bon ménage dans de grandes jardinières, entre des conifères nains. En pots, mariez les narcisses et l'heuchère au feuillage pourpre, le myosotis avec les tulipes.

FLEURI ET COLORÉ TOUTE L'ANNÉE

EN ÉTÉ

Au jardin

Dans les plates-bandes mélangées, campanules au pied des clématites, lavandes et roses, lavandes et pivoines, géraniums et delphiniums, hémérocalles et lupins, cosmos et fenouil autour de rosiers arbustifs, hortensias et agapanthes le long des façades.

Dans les massifs de terre acide, piéris, skimmias, leucothoe et azalées ou encore hydrangéas sur un tapis de bruyères. Pour habiller une clôture, roses et clématites, bordure d'hortensias à mi-ombre avec schizophragma, au soleil jasmin et passiflore. En massif arbustif ou haie d'ornement, oranger du Mexique avec iris, lavatère et gypsophile. En situation ombragée, astilbes, rodgersias et persicaires.

Le long des allées et dans les rocailles

Pavots de Californie en rocailles bien drainées avec œillets et érigérons ; en rocaille fraîche mélangez géraniums, benoîtes, hostas, alchemille et houttuynia. Le long des allées, tapis de persicaires avec cléomes.

Sur la terrasse et au balcon

Giroflée, pétunia et capucine, ipomée et mirabilis, pétunias et haricots d'Espagne dans un bac muni d'un treillage, rosiers miniatures et gypsophile en alternance dans des pots séparés, lis et pennisetums dans des gros pots.

EN AUTOMNE

Au jardin

Dahlias, lis et aconit en bordures mélangées, crocosmias et glaieuls, héléniums et verveines, sauges, phlox et rudbeckias, schizostylis avec heuchère pourpre et boule de buis ou émergeant d'une mer de stipas « cheveux d'ange ». Anémones du Japon entourées de bugles à la mi-ombre, pennisetum avec diérama, digitales et diascias en massif frais mais bien drainé.

Le long des allées et dans les rocailles

Phlox et sauges, carex dans un tapis d'érigérons des murailles, bruyères et petits chrysanthèmes.

Sur la terrasse et au balcon

Conifères nains et fusain à feuillage doré avec boules de buis en alternance avec des dahlias, des asters d'automne et des giroflées. Rosiers et diascias avec sauges et népétas jusqu'aux gelées.

Index

Dans la collection la Vie en vert

1. 12 mois au jardin **2.** Cultiver les petits fruits
3. 30 fleurs pour le balcon **4.** Des roses pour le jardin
5. 30 massifs à créer **6.** Semer, greffer, bouturer **7.** Les champignons des bois
8. Les champignons des prés **9.** Les plantes de la maison
10. Choisir et planter un arbre **11.** Créer un petit potager
12. Réussir un jardin de ville **13.** Arbres et arbustes du soleil
14. Les couleurs au jardin **15.** Une ruche au jardin **16.** Élever des lapins
17. Une vigne au jardin **18.** Les bulbes à fleurs **19.** Parasites : les traitements bio
20. Les astuces du jardinier **21.** La cuisine des Savoyards **22.** Jardiner « bio »
23. Pelouses et couvre-sol **24.** Des arbres pour le balcon
25. La cuisine des Bretons **26.** La cuisine des Provençaux
27. Élever des poules **28.** Les plantes de véranda
29. Bien tailler ses arbres fruitiers **30.** Les aromatiques en pots
31. Bien tailler ses arbustes à fleurs **32.** Créer un petit verger
33. Bien soigner ses plantes d'intérieur **34.** Les bonnes associations au potager
35. Arroser sans gaspiller **36.** L'éclairage au jardin **37.** Découvrir les orchidées
38. Les oiseaux du jardin **39.** Les petites charcuteries **40.** Les pains maison
41. 12 mois au potager **42.** Créer un petit bassin **43.** Jardin bio : vrai ou faux ?
44. Les papillons du jardin **45.** Conserves et chutneys maison
46. Les bonnes recettes aux champignons **47.** Cocottes et mijotés

Crédits photographiques

Ph. Asseray/Rustica : p. 51 (Pépinières Dussine) ; Fr. Boucourt/Rustica : pp. 14 ; 26, 37, 74 (Saint Jean de Frenelles) ; 65 (L'Aulnaie) ; É. Brenckle/Rustica : pp. 10, 17, 21, 71 ; 67 (Le bois Pinard - M. Marcat) ; G. Cotonnec/Rustica : p. 23 ; I. Devaux/Rustica : p. 19 ; Ch. Hochet/Rustica : p. 34 (Chaumont-sur-Loire) ; J. Lebret/Rustica : pp. 6, 8, 73 ; 30, 33, 46 (Le clos du Coudray) ; F. Marre/Rustica : pp. 9, 12, 13, 25, 68 ; 39, 48, 55, 57, 58, 61 (Le bois Pinard - M. Marcat) ; 63 (Pépinière Henebelle) ; A. Petzold/Rustica : p. 45 (Parc de la source).

En couverture : F. Marre/Rustica

Suivi éditorial : L. Cotelle,
avec la collaboration d'H. Gaudin
Conception graphique : É. Mouton
Réalisation : B. Kekus
Suivie de fabrication : A. Floutier (F 09006)

Photogravure : Altavia Lille
Achevé d'imprimer en février 2009
Imprimé en Espagne par Dedalo offset